1時間で読める超入門シリーズ

はじめての
ニーチェ

適菜 収

Mein erster Nietzsche

Tekina Osamu

飛鳥新社

はじめてのニーチェ

1時間で読める超入門シリーズ

はじめに　なぜ今ニーチェなのか？

ニーチェとは

こういう顔の人です。

19世紀の哲学者ですが、彼の言いたいことをひとことで言うと、

ダマされてはいけない！

ということです。

世の中には、ウソつきやサギ師、ペテン師がたくさんいます。政治家も学校の先生も、たいがいウソを教えています。それどころか、ニーチェに言わせれば、

世の中自体が

病気、ウソ、デタラメ、でっちあげ

により、出来上がっているということになります。

ですから、今ニーチェを読まなければならない理由は、

目を覚ますためです。

ウソっぱちの世界におさらばするためです。
洗脳を解いて、新しい世界を歩むためです。
ニーチェを読むと人生がガラッと変わります。
人生を変えたいあなたに特にお勧めします。

適菜 収

はじめてのニーチェ◆目次

第1章　キリスト教は邪教です！——歪められた「神」

第2章 民主主義者もうやめない?――民主主義は危険なイデオロギー

第3章 世界はなぜ存在するのか?――権力への意志について

第5章　ニーチェは反ユダヤ主義？——ナチズムとキリスト教

装幀　長坂勇司

序章

目を覚まそう。洗脳を解こう！

――ニーチェについて

ニーチェ？　古くない？

よく質問されることがあります。

「ニーチェって古くない？」

「なんだかとっつきにくくて……」

「読まなければダメ？」

そこで最初に言っておきますが、

ニーチェは古くありません。
それどころか、
現代人が目覚めるための
最強のツールです。

これは私だけの主張ではありません。最先端の思想も、いまやニーチェの影響を抜きにして考えることは不可能でしょう。

いろいろ言う人もいますが、ニーチェの主張は次の2点です。

①神についての考え方が変更されたことにより、世界は歪《ゆが》められてしまっている。
②われわれの時代がロクでもないのはそれが原因である。

要するに、ニーチェが書いていることは《われわれの時代》についてなのです。

古代ギリシャやキリスト教のことなど、大昔のことを書いているから、あまり興味が持てないという人もいますが、実はそこで問題になっているのは常に〝現在〟です。

だから、今の時代や自分自身について考えるときは、ニーチェを知ることがどうしても必要になる。


本書を最後まで読むと、あなたの世の中の見え方が変化すると思います。ニーチェの教えには、それだけのパワーがあります。

洗脳を解こう！

ニーチェが言ったことは、

多くの人はひっくり返った視点で世界を見ている

ということです。

爆弾を抱えて自爆してしまうテロリストがいます。
彼らの頭の中では、自分の命より、社会や国家の問題のほうが大きかった。
かつて、地下鉄にサリンを撒《ま》いた狂信者がいました。
彼らにとっては他人の命より、宗教的な教義のほうが大事でした。

私たちは彼らの行為を見下します。
「そんなことをするなんて信じられない」「洗脳されたんじゃないの？」と。
考え方がおかしい人たちが、異常な状態で異常な行動に走ったと考える。
「くだらない」「バカじゃないの」と、誰もがそう思っている。

しかし、実は私たちの思考形態は、彼らとそれほど変わりません。

つまり、自分たちが作り出した妄想に縛られている。

世界が逆転してしまっている。

ニーチェが言ったことはこういうことです。

人間は現在悪い夢を見続けている。
だから、目を覚ましなさい！

ニーチェは世の中がおかしな考え方で支配されるようになった流れを説明します。

その中で、キリスト教の話や、西洋史の話がでてきます。

そのカラクリがわかれば、洗脳を解くことが自然とできるでしょう。

ニーチェ解説はウソばかり

ニーチェは19世紀の有名な哲学者です。

1844年にプロイセン（今のドイツ）で生まれ、1900年に55歳で亡くなりました。

ところでこんな文章を見かけたことがありませんか？

ニーチェは19世紀末のドイツで活躍した哲学者である。すべての権威を否定した相対主義者であるニーチェは、ついには無神論にたどりつき「神の死」を宣告する。当時のヨーロッパで神の権威を否定することは、まさに命がけの行為だった。ニーチェは、社会的弱者を否定し、強者をたたえた。彼の「権力への意志」「超人」という概念は、後年のナチズムに引き継がれた。脳梅毒で発狂し、死去。

もっともらしく見えますが、実はこれらはすべて端から端まで

ウソ、デタラメ、大間違いです。

だからすぐに忘れてください。

のちほどくわしく説明しますが、念のために書いておくと、

①ニーチェが生前ドイツで活躍した事実はない。
②ニーチェはすべての権威を否定していない。
③ニーチェは相対主義者ではない。
④ニーチェは無神論者ではない。
⑤当時、神の権威を否定するのは命がけの行為ではなかった。
⑥ニーチェは社会的弱者を否定していない。
⑦ニーチェの概念は、後年のナチズムに引き継がれていない。
⑧ニーチェは脳梅毒で発狂していない。

要するに、すべてウソです。

そのほかにも、ニーチェに関するウソは巷《ちまた》にたくさん流れています。

ニーチェの敵

ニーチェに関しては誤解がたくさんあります。

それはなぜか？

敵が多かった

からです。

ここではそれだけを覚えておいてください。


ニーチェは、ほんとうのことを言いました。

でも、ほんとうのことを言われると、都合が悪い人たちがいるわけです。

他人をダマすことで、大儲けしている連中がいます。

ダマされていることを忘れて、信じ込んでしまっている人たちがいます。

あるいは、ダマされていることを、勇気をもって認めることができないがゆえに、深い迷妄の中に陥っている人がいる。

彼らは、ウソを信じ込むことで安心したいのです。

21世紀の今でもそうです。

こうした人たちが、ニーチェに関するデマを流したのです。


とはいえ、それは所詮《しょせん》デマにすぎません。

ひとつひとつ、順を追って考えていくうちに、ニーチェの主張がしっかり理解できるようになると思います。


それが、洗脳が解けるときです。


ニーチェは2000年にわたる哲学の歴史をひっくり返した人物です。

私たちの洗脳を解く力は十分すぎるほどあります。

本書では、ニーチェに関するウソを指摘し、その教えの大事な部分をひろいあげたいと思います。

ニーチェってどんな人？

「本書は評伝ではない。よって人物紹介は最小限に抑えよう」などと最初に書いておきながら、延々と人物紹介が続く入門書もありますが、本書では本当に最小限に抑えます。


ニーチェというと、少し孤独なイメージがつきまといます。

群れずに1人だけで思索を続けたような。

でも、ニーチェは伝統的な学問の世界でも天才だったのです。

ニーチェは子どものときから天才でした。

名門のプフォルタ学院からボン大学に進み、古典文献学の権威フリードリヒ・リッチュルに師事します。彼の推薦により、ニーチェは24歳の若さでスイスのバーゼル大学の古典文献学員外教授（翌年、正教授）になりました。

当時のニーチェはまだ大学生です。博士号も教員資格ももっていません。

こんな引き抜きは普通ありえません。

つまり天才の中の天才だった。

そんな若者がいきなりでてきて、『悲劇の誕生』でデビューします。

しかし、この本は当時の古典文献学の学会から完全に無視されてしまった。

それまでの古典文献学の手法にかみついたからです。

古典文献学では実証的に歴史を研究しますが、ニーチェは「客観的な歴史認識などできるのか？」と問いかけます。

歴史を解釈するのは、現代の人間である。だから、現代との関係を抜きに歴史は語れないとし、ワーグナーやショーペンハウエルを取り上げながら古代ギリシャの論文を書きました。

それで「実証性に欠ける」と批判されてしまったわけです。

ニーチェの思索は、学問の枠に収まるものではありませんでした。

ニーチェの人生

体調を壊したこともあり、やがてニーチェは大学の教員を辞めます。

その後はスイスやイタリアを周遊しながら、執筆活動を進めていきます。
１８８９年に発狂。１９００年8月に肺炎で亡くなります。

ちなみに、

脳梅毒で狂ったというのはウソです。

梅毒が原因で精神錯乱をおこした場合、当時は3年以内に死んでいました。
ニーチェは発狂した後も、11年間生きています。

以上です。
本書は評伝ではないので、これで十分でしょう。

もう少し詳しくニーチェの人生について知りたい方には、オンライン百科事典のウィキペディアで検索されるか、あるいは清水真木さんの『知の教科書 ニーチェ』（講談社選書メチエ）をお勧めします。これはよい本です。わかりやすい言葉で、ニーチェの人生と哲学をからめて書いている。

ニーチェにかこつけて、著者が主張するだけみたいな入門書もありますが、そういう本とは一線を画しています。

「ニーチェにかこつけて、勝手な主張をしているのは、お前じゃないか」って？

そんなことないですよ。

本書で述べていることは、すべてニーチェの文章に根拠があります。

ご安心を。

第1章

キリスト教は邪教です！

——歪められた「神」

キリスト教は邪教です！

ニーチェの最大の敵とは？
それはキリスト教と、キリスト教的な考え方すべてです。

キリスト教？
関係ねえ。
そう急がないでください。

実はキリスト教について考えることは大切なことです。
日本人もふくめて、

ほとんどの人がキリスト教の世界に住んでいる

からです。
私たちは、無意識のうちに、キリスト教的な考え方、行動パターンに巻き込まれている。ですから、キリスト教について考えることは、世界について考えること、自分自身について考えることにつながります。
現在、キリスト教はあらゆるイデオロギーに姿を変えて、私たちを支配しています。
イデオロギーとは、何かを絶対的に正しいとする、思い込みのようなものです。
それでは、キリスト教が生み出したイデオロギーとは何か？

たとえば、民主主義。
たとえば、社会主義。
たとえば、平等主義。
たとえば、国家主義。

これらのイデオロギーは、ある特定の目的のために作られています。
ニーチェの哲学は、それを身も蓋《ふた》もなく、明らかにしてしまいました。

だから、ニーチェは攻撃されたのです。
一体、何がダメなのか？
順番に見ていきましょう。

キリスト教のどこがダメなのか？

勘違いしてほしくないのですが、ニーチェは「キリスト教徒をやっつけろ」などと言ったわけではありません。むしろ、信者は被害者です。ダマされてしまっているわけですから。

ニーチェはキリスト教の発想を非難したのです。

それどころか、ニーチェは

イエスを高く評価しています。

「当時のユダヤ教の律法主義を批判した、自由な精神を持った人間」というのが、ニーチェが持つイエス像です。

ニーチェが否定したのは、イエスの教えを歪め、人類の価値をおとしめてきたキリスト教会の存在です。

ニーチェは『アンチクリスト』（『反キリスト者』）で以下のように主張します。

キリスト教会はイエスの十字架上の死を利用し、自分たちの宣伝に都合がいいようにイエスの人物像を変えていった。イエスの弟子たちは、イエスというつかみどころのない人物を理解することができなかった。それで、彼らは自分たちが理解できる範囲の中に、イエスを押し込んでしまった。彼らはそれでイエスを理解したつもりになったが、彼らがやったことは誤解を生み出すだけだった。

その結果、

キリスト教はイエスの教えと正反対のもの

になってしまった。

現在のキリスト教徒は、イエスが完全に否定したものを拝んでいる。人類は「教会」の名のもとに、イエスがもっとも嫌っていたものを、神聖であると語ってきたのだと。

この指摘はすごいです。

「イエスの死を利用した邪教集団」というのが、ニーチェがキリスト教に持つイメージです。

イエスはどんな人だった？

ニーチェはイエスをどう評価したのでしょうか？

ニーチェは『アンチクリスト』において次のように述べます。


イエスは自由な精神を持った人だった。

イエスはすべての決まりごとを一切認めなかった。

イエスは、生命や真理、光といった精神的なものを、彼の言葉だけを使って語った。

そして、自然や言葉といった現実の世界にあるものは、彼にとっては単に記号としての価値しかなかった。

イエスは、歴史学や心理学などの学問とも、芸術や政治とも、経験や判断、書物といったものとも、そしてすべての宗教とも、なんのかかわりあいもない。

イエスは文化を知らないので、文化と戦うこともないし、否定することもない。

国家や社会、労働や戦争などに対しても同じこと。

つまり、イエスは「この世」を否定する理由を持っていなかった。「この世」は教会が作り出した考えであり、イエスはそんなことを思いついたことさえなかった。

ところが、イエスの弟子たちは、「報復」「罪と罰」「審判」といったイエスの教えにそむく言葉を使いはじめます。イエスが「復讐《ふくしゅう》」を明確に禁止しているにもかかわらず。

また、イエスの教えでは、平和と歓喜に満ちた「神の国」は現実世界で実現されるものでしたが、弟子たちのしわざで、「約束されるもの」や「終末にやってくるもの」にされてしまった。

そもそもメシア信仰は、イエスが否定したパリサイ派のものです。

ニーチェは言います。

人間のような姿をしている「神」、いつかそのうちやってくる「神の国」、あの世にある「天国」、三位一体のなかの「神の子」。

こうしたキリスト教の考え方は、

イエスの教えとまったく関係がない！

イエスにとって「天国」とは心の状態のことだったとニーチェは言います。

だから、「神の国」は、たとえ１０００年待ってもやってこない。

ちなみに、三位一体の教義は４世紀に当時の皇帝や司教らによって作られたものです。

パウロは憎しみの天才だった

こう説明した上で、ニーチェはパウロを断罪します。

パウロは「イエスが復活した」というデマを流した。

パウロはイエスの教えから何も学ばず、十字架上の死を利用した。彼は権力を握るために、「教義」や「象徴」がほしいだけだった。

パウロが作ったキリスト教には、イエスの大切な教えは何も残っていないと。

要するに、

初代キリスト教団は、イエスの神話を悪用した

わけです。

ニーチェの考えをまとめるとこうなります。

パウロはイエスとは正反対のタイプで、「憎しみの論理」の天才だった。

パウロはイエスを含めて、すべてを憎しみの犠牲にした。

パウロは「イエスはまだ生きている」と言う。

しかし、本人はそれを信じていなかった。

そして、デタラメなキリスト教の歴史をでっちあげた。それどころか（古代）イスラエルの歴史までを自分たちの都合で書き換えた。その結果、すべての預言者が、パウロが作ったキリスト教について語ったことにされてしまった。

こうして教会は、人類の歴史をキリスト教の歴史へと書き換えていった。

イエスの教えは姿を消し、残ったのは「最後の審判」「犠牲死」「復活」「不死」といった変なものばかりになってしまった。

つまり、

キリスト教の教祖はパウロなのです。

念のために言っておくと、

死んだ人間は生き返りません。

これは歴史的事実です。

キリスト教が世界宗教になった理由

「もしキリスト教がそんなに悪い宗教なら、どうして世界に広まったの?」

もっともな質問です。

ニーチェは『アンチクリスト』で簡潔に答えます。

「悪い宗教だからこそ、世界に広まったのだ」と。

キリスト教は、頭の悪い人たちの間にどんどん広まっていった。同時にキリスト教の側も、そういった人たちが理解しやすいように、教えをどんどん簡単で俗受けするもの、野蛮なものに変えていった。

キリスト教は、ローマ帝国の地下的な礼拝の教義や儀式、不合理な話をまるごと飲みこんでしまった。それはキリスト教を宣伝するためだ。

その結果、キリスト教はイエスの教えからますます離れていき、迷信、おまじない、ヨタ話のかたまりになってしまった。

キリスト教が拡大していく中、聖母マリア信仰や迷信、民間信仰が取り込まれていきます。そしてキリスト教の物語が作られていった。

12月25日にイエスが生誕したという話もウソです。

あれは、ミトラ教の冬至の祭りからパクったものです。

こうしてキリスト教は拡大していきます。

キリスト教はすべての弱い者、貧しい者、病気の者、低劣な者、卑しい者に味方しました。あらゆる下層民のルサンチマン（恨《うら》み辛《つら》み）が、教会に集まって巨大な権力を生み出したわけです。

ニーチェは言います。

野蛮な民族は、不満や苦しみを、敵に危害を加えるという形で外に出していった。逆に言えば、キリスト教は野蛮人を支配するために、野蛮な教えや価値観を必要とした。

パウロは気づいてしまった。

「この世」を無価値にするためには、「不死の信仰」が必要であることを。

そして「地獄」という概念を使えば、ローマを支配することができることを。

「あの世」を使って人々をおどせば、現実世界をつぶすことができることを。

ルサンチマンって何？

ルサンチマンという言葉が登場したので、説明しておきます。

虐げられている人間は、当然敵に対して恨みを持ちます。

普通だったら、「いつか見返してやろう」とか、「そのうちやっつけてやろう」などと思う。

でも、キリスト教の発想は違います。

強い敵は「悪」である。弱い自分たちこそが「善」である。そう考えることで、自分をごまかします。

価値基準をひっくり返すことで対抗しようとしたのです。

『アンチクリスト』のニーチェの議論をまとめておきましょう。


キリスト教は、負けた者や抑えつけられてきた者たちの不満が土台となっている。

つまり、キリスト教は最下層民の宗教なのだ。

キリスト教では、毎日お祈りをして、自分の罪についてしゃべったり、自分を批判したりしている。それでも、最高の目標に達することは絶対にできない仕組みになっている。

キリスト教徒は、豊かな大地や精神的に豊かな人に対して、徹底的に敵意を燃やした。
具体的に「肉体」を持っているものに反発して、自分たちは「霊魂」だけを信じることで、張り合おうとした。
キリスト教は、立派な心がけ、気力や自由、あるいは心地の良いこと、気持ちが良いこと、そして喜びに対する憎しみなのである。

こうした

ルサンチマンのパワーはすごい。

恨みを持っている人は世界中にたくさんいますから。
だから、キリスト教は世界宗教になったのです。

イエスは愛を説きましたが、キリスト教はその反対の憎しみや恨みを集約することで、世界を支配するようになった。こうしてヨーロッパの歴史は、ルサンチマンの産物になってしまった。

教会は人類の歴史をキリスト教の歴史へと書き換えたのです。

「善い」と「悪い」って誰が決めたの？

キリスト教道徳は、「高貴な道徳」を否定するために発生しました。

人生をよりよく生きること、優秀であること、権力、美、自分を信じること。こうした大切なものを徹底的に否定するために、まったく別の価値基準がでっちあげられたのです。それが「道徳的世界秩序」と呼ばれるものです。

「善《よ》い」という言葉と「悪い」という言葉があります。

本来「善い」という言葉は、高貴な人間や力を持つ人間が自分を規定するときに生じたものでした。彼らは自分に備わっている特性を「善い」と呼んだわけです。

そこにあるのは、自己肯定の感情、つまり健康的な価値評価です。

そして彼らは、力がないこと、病弱であること、気力がないことを「悪い」と呼びました。

ここに攻撃を仕掛けたのがキリスト教です。

価値基準の転倒を行い、世界をひっくり返したのです。

彼らは、「善い」と呼ばれてきたものを「悪い」と、「悪い」と呼ばれてきたものを「善い」と言い換えました。

これがニーチェの言う

「奴隷一揆《どれいいっき》」です。

キリスト教道徳では、すべてがひっくり返ります。
強いこと、自分に誇りを持つことは「悪い」とされ、弱いこと、他人にとって利益があることが「善い」とされるようになった。
しまいには、価値のない人間こそが、人類の価値をおとしめることこそが「善い」ということになってしまった。

ニーチェは『アンチクリスト』で言います。

> 結婚、出産、病気、死など、人生の大切な節目節目で、キリスト教の僧侶は変な儀式を行って、人から金をゆすりとろうとする。また、国家や裁判所といった普通に考えても価値があるものに対し、僧侶たちは寄生虫のように食いつき、「道徳的世界秩序」という呪文によって、まったく価値がないものに変化させてしまった。

こうして、ヨーロッパは奴隷に支配されるようになったわけです。

健康なウソと不健康なウソ

重要なことを最初に言っときます。
ニーチェは、キリスト教が「間違っている」から否定したのではないということです。
キリスト教は「病気」だから否定したのです。
ここを一緒くたにすると、ニーチェは理解できなくなります。
宗教というのはすべてウソです。
でも、世の中には

健康なウソと不健康なウソ

があるのですね。
ニーチェは、キリスト教が不健康なウソだから否定したのです。
ニーチェは『アンチクリスト』で次のように述べます。

自信を持っている民族は、自分たちの神を持っている。民族が神をまつるのは、自分たちの誇りのためである。誇りを持っている民族は、犠牲を捧げるために神を必要とする。そして、感謝する相手は、実は自分自身なのだ。

こういった神は単純なものではない。

人間にとって、有益でもあり有害でもある。味方でもあり、敵でもある。

悪いことにおいても、善いことにおいても、神は必要とされる。

それが本当の神の姿である。


民族の神は自然や大地、固有の歴史から生まれます。

その神は、民族の価値を投影したものなのです。

民族は、自分たちの成功、運命、季節が巡ってくること、農業や牧畜の成功などを神に感謝します。そして自分たちの生長と健康を祝いました。

そこにあるのは自分を肯定する感情です。

これは、とても健康的な感情です。

だから、健康な民族は健康な神を持つのです。

歪められた神

一方、ニーチェ

が否定するのは「歪められた神」「不健康な神」です。

『アンチクリスト』の議論をまとめてみます。

あるとき（大昔の王国時代）イスラエルで大きな混乱が起きた。国内が無政府状態になり、隣の国からアッシリア人が侵入してきた。国内は荒れ果て、すべての希望が失われた。エホバもすっかり無能になってしまった。

そのときにイスラエルの人々は、神を捨ててしまえばよかった。しかし、ユダヤ民族がやったことは、神をそれまでとまったく違うものに作りかえることだった。そのせいで、神と自然は結びつかなくなってしまった。

エホバは、もはやイスラエルの神ではなく、民族の神でもなく、条件つきの神になってしまった。神は僧侶たちの都合のいい道具となってしまったのである。

さらにニーチェは言います。

僧侶たちは「すべての幸福は神のおかげだ」「すべての不幸は神を信じないことへの罰だ」などと言い始めた。そして

「報いと罰」というカラクリ

が導入されるようになる。

彼らは自然界の法則を否定し、自分たちに都合のよい、反自然的な法則を作っていった。こうして、「道徳」は民族が生きていくための本能ではなくなり、よい人生を送るために邪魔なものになってしまった。

彼らは自分たちの民族の言い伝え、歴史的事実に対して、汚い言葉をあびせかけ、宗教的なものに書き換えていった。

こうして神は自然や大地、固有の歴史から切断されます。

このカラクリを使って、為政者や教会の権力者が人工的に作ったのがキリスト教です。

神を独占的・人為的に管理し、神の代弁人を名乗ることで、巨大な利権を手に入れたわけです。

聖なるウソって何？

ニーチェは単なる無神論者ではありません。

ニーチェは『アンチクリスト』で言います。

キリスト教を批判するのは、歴史や自然の背後に、なんらかの神を見つけださないからではない。そうではなくて、これまで神と崇められてきたものを、私たちが「神」とは感じないからだ。それは、憐れむべきものであり、有害で、人間の生をおとしめるものである。

ただし、ここは少し注意が必要です。
こうした「歴史や自然の背後にいる神」もまたウソにすぎないからです。
やっぱり、「神は死んだ」のです。
しかし、こうしたウソは、民族がよりよく生き抜くために使われる技術なのです。
これをニーチェは

「聖なるウソ」

と呼びました。

あらゆる宗教は「聖なるウソ」にすぎない。しかし、キリスト教には「聖なる」目的さえない。「原罪」という考えを利用して、人間の生を汚した。聖母マリアが処女で妊娠したという話に至っては、人類の誕生自体が汚されている。教会は、人間の価値をおとしめることしか考えていないというわけです。

ニーチェは「神が不健康になったこと」を嘆きました。

私たちは、キリスト教の道徳によって、飼いならされてしまった。動物園で野獣は抑え込まれることにより、弱体化し、恐怖、苦痛、飢えにより、病的な存在に変化してしまう。

これこそが、キリスト教が人間に対してやったことであると。

こうしてわれわれは

キリスト教の牧場に暮らすようになったのです。

快楽は「悪魔の誘惑」？

ニーチェは、キリスト教が人類の歴史を大きく歪めてきたと指摘します。

キリスト教は、「弱者が権力を握るシステム」であり、そこでは常に自己否定が行われます。

「あの世の価値」を唱えることで、「現世の価値」が攻撃されます。

快楽さえも生を促進するという理由で否定される。

人間の本能は、ある行動が正しいかどうかを、それが気持ちのよいことかどうかで判断するとニーチェは言います。

だからおいしいものを食べたり、セックスしたりするのはいいことなんです。

それをダメというから話がおかしくなる。

彼らはそれを「悪魔の誘惑」と決めつける。

キリスト教の最大の標的は「健康」です。

ニーチェは『アンチクリスト』で以下のように言います。


キリスト教は健康な人間に対する、不健康な人間の恨みを基本にしている。美しいもの、誇りを持っているもの、気力があるもの、そういうものを見たり聞いたりすることが、彼らにとっては苦痛なのだ。

私はパウロが言った貴重な言葉を思い出す。

「神は世の中の弱い者を、世の中の愚かな者を、軽く見られている者を、お選びになる」

まさにこれがキリスト教の核心なのだ。


つまり、弱ければ弱いほど、愚かであれば愚かであるほど、軽く見られていれば軽く見られているほど、神が選んでくれるというわけです。

パウロの呪いは、ローマを蝕《むしば》んだ。

で、愚か者が力を持つようになってしまったのです。

民族の神が落ちぶれるとき

キリスト教は、イエスの神話、ユダヤ教、迷信や民間信仰などをごちゃまぜにして、為政者や神学者によって、人工的に作られました。教会は民衆のルサンチマンを集約することにより、拡大していきます。

彼らの神は自然から切り離され、「善のみの神」になった。

そこに、選民思想と終末思想（最後の審判）が加わります。

ニーチェ

は嘆きます。

キリスト教の神に対する考え方は、これまで発生した考え方の中で、もっとも腐ったものである。神の名において、生に、自然に、生への意志に、敵対が宣告されたとは！

こうして人類は「原罪」を背負うことになった。

イエスの犠牲死という物語を利用して、「神に対する負い目」「良心のやましさ」という教義が作り上げられます。

かつては敵に向けられていたルサンチマンが、キリスト教においてはついに、自分自身を攻撃するようになったわけです。

ニーチェは『アンチクリスト』でこう述べます。

民族が徹底的にダメになっていくとき、そして彼らがすっかりあきらめてしまったとき、敵に屈服することが一番よい選択だと考えるようになったとき、彼らの神も変化してしまう。
神とは本来、民族において、民族の強さや民族の権力を求める感情だったはずだが、現在ではただの「善の神」になってしまった。

つまり、キリスト教、およびキリスト教価値観に洗脳されることにより、民族の神は落ちぶれるのです。

キリスト教はあらゆる民族の歴史に総攻撃を仕掛けてきました。

ニーチェは仏教を否定しない

ニーチェは仏教には好意的です。

仏教もニヒリズムの宗教です。しかし、ルサンチマンの宗教ではありません。

ニーチェは、仏教はキリスト教に比べれば、

100倍くらい現実主義的

と言います。

『アンチクリスト』の議論をまとめます。

仏教の良いところは、「問題は何か」と客観的に冷静に考える伝統を持っていることだ。これは、仏教が何百年と続いた哲学運動の後にあらわれたものだからだろう。インドで仏教が誕生したときには、「神」という考えは、すでに教えの中から取り除かれていた。

そういう意味では仏教は、歴史的に見て、ただ一つのきちんと論理的にものを考える宗教と言っていい。

ブッダは、「善意」とは、人間の健康をよくするものだと考えていた。

神に祈ることや、欲望を抑えこむことも教えの中から取り除かれていた。
また、苦しみを罪の結果と考える必要もなかった。
仏教では正直に「私は苦しい」と言うからである。

ニーチェはこう述べた上で、自省します。

ヨーロッパはまだまだ仏教を受け入れるまでに成熟していない。
仏教は文明が発達して終わりに向かい、退屈した状態から生まれた宗教だが、キリスト教はいまだに文明にたどりついていないと。

つまり西欧近代は、

２５００年前の仏教の段階まで到達していない

ということです。

キリスト教はなぜ戦争を引き起こすのか？

キリスト教は「神」という概念を歪めました。

彼らは、善を独占し、究極的な悪を設定します。

キリスト教は、あらゆる健康な価値を否定し、自分たちの価値こそが正しいと決めつけます。

そして考え方の異なる人々を決して認めようとせず、戦争を引き起こして叩きつぶすのです。

ニーチェは『アンチクリスト』で言います。


キリスト教では「裁いてはいけない」と言うが、彼らは自分たちの邪魔になるものは、すべて地獄へと送り込む。彼らは「神が裁く」と言うが、実際には彼らが裁いているのだ。

これがキリスト教の独善性の正体です。

キリスト教は、愛や平和を説きながら、世界各地で戦争を引き起こしてきました。『生成の無垢《むく》』の議論をまとめます。

ヨーロッパ人の性格をよくあらわしているのは、言っていることとやっていることがまるっきり違うことだ。矛盾している。アジアの人々は毎日の生活において自分自身に忠実だが彼らは違う。ヨーロッパ人がどうやって植民地をつくっていったかを考えれば、その猛獣のような本性は明らかである。

新約聖書の「マタイ福音書」には次のように書かれています。

「地上に平和をもたらすために、私（イエス）がきたと思うな。平和ではなく、剣《つるぎ》を投げ込むためにきたのである。私がきたのは、人をその父と、娘をその母と、嫁をその姑と仲たがいさせるためである」

ニーチェは「この２０００年もの間、私たちがキリスト教徒であったことに対して、つぐないをしなければならない時代がやってくるはずだ」（『権力への意志』）と真摯《しんし》に反省します。

第2章

民主主義者もうやめない？——民主主義は危険なイデオロギー

民主主義はキリスト教カルト

身近なところから考えていきましょう。

たとえばニーチェの敵は民主主義です。

民主主義というと、なんだかいいイメージがあるかもしれません。
正義とか、平等とか、公平とか、平和とか、クリーンとか。
それは洗脳されているからです。
頭がぶっ壊れているからです。
ニーチェが言ったことは、

民主主義は危険なカルト宗教である

ということです。
民主主義は、キリスト教から分派しました。

ニーチェの主張をまとめるとこうなります。


民主主義もキリスト教も、畜群《ちくぐん》（低脳動物の群れ）が権力をにぎる社会形態である。

そして、彼らはそれ以外の社会形態に本能的な敵意を抱いている。

キリスト教は、「神」という概念を都合よくねじ曲げた。そして、「神の下の平等」という呪文により、人類を個に分断し、弱体化させ、家畜化したのである。

民衆はこの「気のふれた概念」を、当初宗教的な語調で口ごもることを教えられたが、この原理から民主主義がでっちあげられたのである。


民主主義は、１人１人が完全に平等という発想で成り立っています。

社会に貢献する人も社会に害を与える人も同じ１票を持ちます。

これは絶対的存在である神を想定しないとでてこない発想です。

唯一絶対神の存在を抜きに
民主主義は成立しません。

民主主義を否定すると怒る人

民主主義を否定すると、怒る人たちがいます。

危険思想だとか、人類の知的遺産を軽視しているとか、右翼だとか、バカだとか、早トチリだとか、反社会的だとか、人間のクズだとか。

なぜ、そんなに怒るのか？

それは彼らが「民主教」の信者だからです。

彼らにとっては、民主主義こそが絶対的な真理なのです。

ものごとを信じ込む人は何も見えなくなる。

歴史も歪んで見えるようになります。

本当はその逆です。

人類の知性は民主主義と戦い続けてきたのです。

民主主義のネタ元になったのは、古代ギリシャの一部（アテネなど）で行われていた民主政です。

そこでは民衆に市民権が与えられ、民会と呼ばれる議場に有権者が直接参加するようになった。民衆裁判所も設置され、くじで選出された陪審員が裁判を行いました。

この民主政を古代の賢人たちは否定します。

プラトンは、政治は賢者が行うべきだと言いました。この点に関しては、私もそう思うんですけど。

デモクラシーという言葉があります。

これは、古典ギリシャ語のデモス（民衆）とクラティア（支配）がくっついた言葉です。

民衆が支配するようになればどうなるか?

民衆は世論やマスコミに動かされます。

そうなると、政治を動かすのは、デマゴーグ（ウソをついて煽動《せんどう》する人）になるわけです。

アテネの衆愚政治化は必然でした。

古代の賢人たちは、政治に「民意」を直接反映させることの危険性を説いたのです。

民主主義が地獄を生んだ

一方、民主主義が人類の歴史に登場するのは18世紀のことです。

紀元前に発生した古代ギリシャの民主政が単なる政治制度だったのに対し、民主主義はキリスト教から派生したカルト宗教でした。

ジャン＝ジャック・ルソーらに代表される啓蒙思想家は、当時登場してきた「自然権（人間が生まれつき持つ普遍的権利）」なる概念を基に人民主権を訴えます。自由、平等、人権といった諸価値は、次々と神格化され、そこから「一般意志（公的な人民の意志の総体）」なる教義が作られます。これは、国家全体の中に、（公的な）総体としての意志があり、それにより国家は運営されるべきだという発想です。

こうした民主主義の正体を、ニーチェはキリスト教カルトであると見抜いていました。「すなわち民主主義的運動は、キリスト教の運動の継承にほかならないのだ」（『善悪の彼岸』）

民主主義とは偉大な人間を「神」の名において抑圧し、価値のない人間を持ちあげるシステムです。すべてをフラットにしてしまう。その上で、神の代弁者を名乗る人間（僧侶階級）が、最上層部に君臨する。

要するに、民主主義とはキリスト教と同様、

「下層民」の支配形態

なのです。

民主主義の目的もキリスト教と同じ。人類を病気にさせ、価値をおとしめることです。実際に、このカルト宗教は、世界各地で大規模な反乱を引き起こします。アメリカ独立革命、フランス革命、ロシア革命……。革命のイデオローグは、民族の歴史や民族の法を否定し、国家は「一般意志」により設計されるべきだと説きました。

ニーチェは言います。

キリスト教は、あらゆる弱者、病人、下層民の味方となった。こうして神はグローバリストになり、近代イデオロギーに化けた。そして、多数者が主となったのである。キリスト教的本能の民主主義が勝利を収めたのだ、と。

要するに、民主主義というのは一種の世界宗教なんですね。

フランス革命はテロだった

1789年7月14日、バスティーユ牢獄《ろうごく》の襲撃を契機としてフランス革命が発生します。一昔前までは（あるいは今でも）学校の世界史の時間では、これを人類史上の輝かしい成果であると教えていました。フランス革命はブルジョア革命であると。

ウソですよ。

当時は、まだフランスで産業革命は発生していません。

フランス革命を起こしたのは、反王党派の貴族、キリスト教カルト、無神論者、下層民といった人々です。この革命でフランス国家は解体され、工業化は大幅に遅れるようになりました。

フランス革命の肯定的な評価は、後年マルクス

らが捏造《ねつぞう》したものです。

要するに、教育の現場にマルキストが入り込んで、洗脳工作をやっているのですね。

実際には、フランス革命は地獄と混乱を引き起こします。バスティーユ牢獄のド・ローネイ長官は首を切り取られ、民衆は生首をヤリの先に刺して行進を始めます。この暴力

主義は最終的にロベスピエールの恐怖政治に行きつきます。

テロの語源は、ロベスピエールを中心とするジャコバン派の恐怖政治（Terreur）ですが、フランス革命はフランスの歴史に対するテロでした。

１７９４年、ロベスピエールは「最高存在の祭典」なる狂気のイベントを開きます。これはルソーの唱えた「市民宗教」に影響されたもの。フランス革命では、教会も攻撃されましたが、その本質はキリスト教でした。

ニーチェは言います。

「フランス革命によるキリスト教の継続。その誘惑者はルソーである」（『権力への意志』）

「私は革命の点においてもやはりルソーを憎悪する、革命は理想主義者と下層民ということの二重性を世界史的に表現するものであるからである」（『偶像の黄《たそ》昏《がれ》』）

権利とは何か？

民主主義の運動により、人類は自由と権利を手に入れたと学校では教えます。

これは悪質なウソであると、ニーチェは言います。

本当はその逆です。

人類は、民主主義により自由や権利を失ったのです。

本来、それらの諸価値は闘争により勝ちとるべきものだった。それを得ようと努力する過程において価値を持ったのです。権利は抽象的な概念ではなく、現実世界において個々が確立するものでした。

ところが、民主主義によりそれらが神格化されてしまった。その結果、完全に自由で平等なる社会が誕生した。人類は普遍的人権を持つというわけです。

こうして、新しい衣装を身にまとった唯一神が再び君臨するようになったのです。

ニーチェは『善悪の彼岸』で、民主主義の本質についてこう述べます。

民主主義の運動は、キリスト教の運動を引き継いだものである。私たちにとっては、民主主義の運動は、たんに政治的機構が落ちぶれたというだけではなく、人間そのもののが落ちぶれたということ、人間そのものが卑しく小さくなり、価値が落ちたということをあらわしている。

『アンチクリスト』の議論をまとめてみましょう。

キリスト教は、地上にあるすべての高貴なもの、喜ばしいもの、気高いものに反抗してきた。「不死」という発想が、高貴な人間性を殺してしまったのだ。それが今では政治にまで食い込んでいる。かつての貴族主義は、「魂の平等」という大ウソにより力を失った。もし「多数者の特権」を信じる革命が起きるのなら、それはキリスト教やキリスト教の考えが生み出したものである。

「多数者の特権」を信じる革命により、人類は大きな痛手を受けたのです。

社会主義は悪魔の思想

社会主義というイデオロギーがあります。

日本でいえば、共産党や社民党、民主党の一部が信じているような考えです。

実はあれもキリスト教から派生したものです。

ニーチェは『偶像の黄昏』で言います。


自分の暮らし向きの悪さを他人のせいにしようが、自分自身のせいにしようが同じことだ。前者を社会主義者がやり、後者をキリスト者がやる。

そこに見られる共通な点は、品位がないことである。

それは、自分が苦しんでいることの責めを誰かが負うべきであるということだ。


社会主義もまたキリスト教と同じように、ルサンチマンで成り立っています。社会主義の根幹にあるのは怨恨、復讐の感情です。

社会主義者の多くは、自分たちは貧しいと考えます。

彼らは「がんばって働こう」とは思わずに、「貧富の差は存在するべきではない」と考えるわけです。

ニーチェは言います。

世の中にはみすぼらしくていやらしい人間がたくさんいる。その中でも一番下等なのが社会主義者である。仕事に対する意欲、働く楽しみ、仕事を成し遂げたときの満足感。それらに対し、いやらしい悪意をもって攻撃するのが、社会主義者という名の下層民である。

労働者を嫉妬《しっと》させ、復讐を教えるのが彼らのやり方だ。

不正は決して権利の不平等にあるのではない。不正は権利の「平等」を要求することにあるのだと。

普通に考えたら、

人間が平等なわけないじゃないですか。

上等な人間と下等な人間が共存しているというのが普通の社会です。

先ほども紹介しましたが、社会主義の根本にある平等主義は、唯一絶対神が存在しないと成立しません。

最上段に座っている「神」とそこから派生したイデオロギーにおいて、人間は平等なのです。社会主義もキリスト教の亜流にすぎません。

人間は平等ではない

ニーチェの議論をまとめてみましょう。

人間と人間の間を隔てるものを見抜くことのできないダメな人たちが、「神の前の平等」という呪文を武器として、ヨーロッパの運命を支配してきた。

その結果、今の人々はすっかりダメになってしまった。

民主主義も社会主義も、その本質はキリスト教である。

彼らは、畜群が自治権をにぎる以外のいかなる社会形態に対しても根本的で本能的な敵意を抱いている点では変わりはないと。

ニーチェは「平等主義」を根底から否定しました。

平等の教えは、人間の正義を終わらせるものだからです。

「等しい者には等しいものを、
等しくない者には等しくないものを」

というのが、まともな社会の原理であるとニーチェは言います。

だから、等しくないものを等しくしてはいけないのです。

人類の価値を高める者とおとしめる者が、平等なわけがない。

それを一緒にしてしまうのが、キリスト教的＝民主主義的世界秩序です。

価値ある人間に向かって、下層民が「オレとお前は同じだよ。普遍的人権を持っているんだから」と言うわけですね。


本章では、今の世の中で「正しい」とされてきたイデオロギーの多くが、キリスト教カルトにすぎないことを明らかにしました。

ニーチェは、こうした洗脳から目を覚ますべきだと言ったのです。


じゃあ、具体的にどうすればいいの？

次章、いよいよニーチェの哲学の核心に入っていきます。

第3章

世界はなぜ存在するのか?

——権力への意志について

真理とは何か？

哲学者は長年にわたり「真理」を見つけようとしてきました。
客観的に世界を知るためにはどうしたらいいのか？
正確にものごとを考えるためにはどうすればいいのか？

ソクラテス、プラトンからデカルト、
カント、ヘーゲルに至るまで、みんなそう考えた。

こうした人たちに向かって、ニーチェは

お前ら、バカじゃないの？

と言ったわけです。

「バカ」というのはまだ控えめな表現で、ほかにも「見当外れ」「タチが悪い犯罪者」「病人」「お粗末な試み」「独断論者」「墓掘り人」「ロクでなし」「人間のクズ」「復讐本能の奇形児」「非人間」「偽者」と悪態のかぎりをつくしています。

なんで、そんなに悪口を言ったのか？

それは、

哲学はキリスト教そのものだったからです。

ニーチェは哲学界の権威だったカントにかみつきます。

「カントは哲学者としてではなく、キリスト教の神学者として成功しただけだ」

ニーチェは、『アンチクリスト』で、哲学者の原型はキリスト教の僧侶だと言います。

僧侶は「真理」と「非真理」を自分たちが決める。

哲学者も自分が勝手に考えて、自分で勝手に確信したことを、真理だとみなしてきた。

彼らには誠実さのかけらもないのだ、と。

それではニーチェ自身は「真理」について、どう考えていたのでしょうか？

哲学者の正体

ニーチェは

キリスト教は
大衆向きのプラトン主義である

と言います。

これはどういう意味でしょうか？

プラトンは古代ギリシャの哲学者です。

彼はイデア論を唱えました。

生成変化する物質界の背後には、永遠不変のイデアという真の存在がある。

現実世界の背後には「真の世界」が存在するという考え方です。

この仕組みを、キリスト教は利用しました。

「この世」とは別に「あの世＝神の国」があるというトリックですね。

プラトンの哲学を、ニーチェは「高等詐欺」（『偶像の黄昏』）と呼びます。

ニーチェは、哲学者たちは真理をうまく扱うことができなかったと言います。

彼らの哲学は非科学的な思い込みであり、それを正当化しているのは信仰であると。

哲学者たちは、「真理」が存在することを前提に議論を進めます。

これも、キリスト教のカラクリと同じです。

最初から「唯一絶対神が存在すること」が前提となっているわけです。

「神は存在するのか？」と考える前に、「どうすれば神の意志を量ることができるか」と考えてしまう。

こういう意味で、ニーチェは哲学者を「神学者」と呼んだのです。

プラトンの師匠のソクラテスは、対話によって真理に到達することができると考えた。議論により、合理的に考えていけばいいと。それ以降の哲学者も、基本的には理性や知性により、真理に近づくことができると考えます。

その延長線上において、カントは「物自体」という概念を作りあげ、「人間の理性は限界があるので世界それ自体は認識できない」とした。一方ヘーゲルは、理性の歴史と進歩により「絶対知」に近づくことができるとした。

こうした考え方を、ニーチェは完全に斥《しりぞ》けました。

禁欲よりも快楽に価値がある

プラトンは、想像にすぎない「真の世界」をでっちあげました。

キリスト教会はこの仕組みを利用して、「神の国」を打ち立てます。

ニーチェは言います。

それ以降、哲学者はキリスト教の手伝いを続けてきた。

その結果、哲学はすっかりダメなものになってしまった。

生を高めるものを悪とするキリスト教道徳が哲学に組み込まれてしまった。


こうして哲学者は、現実世界より、背後にある概念の世界に価値を見出すようになります。

その結果、人間は概念の檻の中に閉じ込められるようになった。

哲学はどんどん難しくなっていったが、根本が間違っているから、変な方向に行ってしまった。その結果、政治から人々の生き方まで全部ダメになってしまった。


だから、ニーチェは哲学の歴史を総批判したのです。

ニーチェは哲学者たちに問いかけます。

一体、誰の視点で見ているのだ？

と。実は哲学者たちは神の視点で世界を見ていたのです。

結局それは宗教ではないか？

ニーチェは『アンチクリスト』で、カントを断罪します。

> 道徳家としてのカントにひとこと。道徳は私たちの人生において、私たちが作り出したものであるということ。そして私たちを守るものであり、私たちにとって必要なものでなければならない。決してそれ以外のものではない。カントのように単純に道徳を尊敬するのは有害である。「徳」「義務」「善自体」といった無人格で普遍的な「善」など幻想にすぎない。

ニーチェはこうした不健康な価値基準を正常に戻すことを唱えました。

不健康なものより健康を、弱いものより強いものを、醜いものより美しいものを、あの世よりこの世を、霊魂よりも肉体を、禁欲よりも快楽を価値とみなす。

これが「一切の価値の転換」です。

「神は死んだ」ってどういう意味？

ニーチェは「神は死んだ」と言いました。

気の早い人はそれをもって、「ニーチェは無神論者だ」などと言いますが、違いますよ。

いないものは死にませんから。

死んだからには、いたんです。

でも、神というのは、こんなのとか、

こんなののことではありません。

そんなのがいないということなら、当時の子どもだって知ってます。

そうではなくて、

神の視点＝絶対的な視点など存在しない

ということをニーチェは言ったのです。

神によって保障される概念やイデオロギーが通用しなくなったということ。

真理を永遠のものと考えるプラトン＝キリスト教的な信念がデタラメであること。

それが「神は死んだ」という言葉の意味です。

西洋の哲学はそもそも神学から始まりました。だから、いろいろなことを説明するために、常に「神の視点＝絶対的な視点」が持ち出されてきました。

その哲学の歴史にニーチェは終止符を打ちました。

要するに、「真の世界」「正しい世界認識」にどうやって至るのかという考え方そのものを、ニーチェは否定したのです。

一体どうやって？

「パースペクティブ」「権力への意志」という考え方によってです。

客観的というウソ

学校では「物事を客観的な視点で考えなさい」と教えます。

つまり、自分の視点を離れて、「誰もがそう考えるように考えろ」というわけです。

でもそういう言葉はあらゆる意味でウソです。

ニーチェは、すべての認識は「パースペクティブ」に基づくと言います。

これは非常に大事な考え方です。


「パースペクティブ」とは、絵を描くときに遠近感を出すときの手法です。

たとえば、同じ大きさの物でも、近くにあるものはより大きく、遠くにあるものはより小さく描く。そうすると絵は立体的に見えるようになります。

また、特定の角度から眺めると、物はひずんで見えます。だから、絵を描くときには画家（作者）の視点をどこかに設定することが必要になる。

絵の中の世界は、画家の視点によって出来上がっています。

これは現実の世界でも同じ。

世界は認識する者の視点により成り立っている

とニーチェは言います。


人間は目や耳や鼻などの感覚器官を使って世界を認識しています。

感覚刺激が脳内でイメージに転換され、さらに言語に転換される。それが概念になり、世界が発生するわけです。

つまり、客観的な世界など、最初から存在しない。

世界とは、それぞれの認識器官が生み出す一種の虚構であるというわけです。


客観的な歴史というのもウソです。

それは歴史の中を生きている自分の視点ではなく、その外部に視点がある。

そこにあるのは神の視点です。

ニーチェはそうした歴史観も否定しました。

世界とは何か？

生物は自分のパースペクティブにより、世界を認識します。

アリはアリのパースペクティブにより、アリの世界を生み出します。

イヌはイヌのパースペクティブにより、イヌの世界を生み出します。

人間も同じです。


アリの世界とイヌの世界と人間の世界は違います。

感覚器官が違うからです。


ニーチェは認識されたものが世界であると言います。

アリとイヌと人間に共通する「唯一の真の世界」がどこかにあるわけではありません。


昔の哲学者は、アリもイヌも人間も同じ世界に住んでいると思っていた。

21世紀の現在でも、素朴な人はみんなそう信じています。

人間はアリやイヌよりも知的レベルが高いので、世界を「より正確」に認識することができるのだと。


でもそれは、人間特有の逆転した世界観にすぎません。

実際には、

人間の感覚器官と脳の仕組みが世界を作っている

のです。

つまり、認識の主体の数だけ、無数の解釈がある。

「事実なるものは存在しない。ただ解釈があるだけだ」とニーチェは言います。

ニーチェは「真理」「真の世界」に関する考え方を根底からひっくり返しました。

「正しい世界認識へ至る道」という哲学者たちの考え方は、実はキリスト教そのものだったわけです。

客観存在としての世界は存在しない。

ただパースペクティブに基づき、個別の世界が発生するだけだ。

そこには解釈しか存在しない。

では、一体なにに基づいて解釈は行れるのか？

この疑問に答えるのが、「権力への意志」という考え方です。

「権力への意志」って何?

「権力への意志」(「力への意志」とも訳されます)は、ニーチェ哲学の核心です。

でも、この言葉は結構、勘違いされています。

言葉の響きからか、「強者による力の論理」とか「上昇志向の田舎者がとにかく成り上がってやろう」みたいな話のように誤解する人がいる。

違いますよ。

権力への意志とは、

世界はなぜ存在するのか?

という疑問に答えるものです。

権力への意志とは、認識者そのものを成り立たせている力関係のことです。

人間は自分の生存に有利になるように世界を解釈する。その基盤となっているのが、生に対する保存・生長の欲望です。

アリやイヌも同じ。アリはアリの都合に合わせて世界を解釈する。するとそこには、アリの世界とアリの真理が生まれる。

キリスト教世界もまた、権力への意志が生み出すものです。彼らは自分の弱さを正当化することで、生き延びようとするわけです。

『善悪の彼岸』の議論をまとめましょう。


どこかに唯一の真理、真の世界があるのではない。

権力への意志により解釈され、発生した個別の真理、個別の世界があるだけだ。

だから認識の数だけ真理は存在する。

そういう意味で、世界は虚構であり、真理は誤謬《ごびゅう》（あやまり・まちがい）なのだ。

しかし、その虚構と誤謬は、生命を維持・促進させるための条件である。

論理的な虚構を承認することなしには、絶対的なもの・自己同一的なものという純然たる仮構の世界を手がかりにして現実を測ることなしには、数によって不断に世界を偽造することなしには、人間は生きることはできないだろう。


つまり、パースペクティブに基づく見せかけの世界こそが、私たちにとっては唯一の世界なのです。ニーチェは「権力への意志」という考え方により、西洋における世界観を一変させました。

人間が気づいてしまったこと

すべての価値には根拠がない。

ヨーロッパを支配してきた道徳は宗教にすぎない。

民主主義や平等主義、国家主義などの近代イデオロギーは妄想にすぎない。

絶対的な善も絶対的な正義も存在しない。

あの世もなければ、人生の目的もない。

絶対的な真理も客観世界も存在しない。

認識者の存在を抜きにした普遍的概念など存在しない。

すべては権力への意志が生み出した虚構である。

それを理解することがニーチェの言う「悲劇的認識」です。


こういうふうに考えていくと、ニヒル（虚無的）な気分になります。

でも、そのニヒリズムをなにか別の価値を持ってくることでごまかすのではなく、徹底するべきだとニーチェは言います。

一度そこに落ち込み、そこから新しい価値判断の基準を創出できる人間を育成するべきだ、とニーチェは考えました。

神は死んだ。あらゆる価値に根拠がないことに人間は気づいてしまった。

気づいていない人もいますが、気づいた人は増え続けています。

一度気づくと元に戻れないのが人間です。

いまさら、キリスト教道徳にも古代の理想郷にも戻れない。

それではどうすればいいのか？

この状況をどう克服するか？

それこそが、ニーチェが説く「超人の思想」です。

次章では、超人を中心に解説をします。

第4章 正しい格差社会へ

——永遠（永劫）回帰と超人

ツァラトゥストラって何？

19世紀最大の書物はなにか？

20世紀以降、世界を本質的なところで揺さぶり続けている点においては、『ツァラトゥストラ』になるのではないでしょうか。

ニーチェは、次のように述べています。


わたしは『ツァラトゥストラ』を書くことにより、これまで人類に贈られた最大の贈物をした。何千年先にも届く声を持ったこの本は、およそありうるかぎりの最高の本である。

19世紀どころか、

人類史上最大の書物ということです。

ニーチェはキリスト教を人類最大の敵だと考えていました。

そこで世界最大のベストセラー『聖書』に対抗するような形で、ツァラトゥストラを教祖とする「新しい聖典」を書き下ろしたわけです。

「ツァラトゥストラ」は、ゾロアスター教の開祖ゾロアスターのドイツ語読みです。

しかし、ゾロアスターと物語の主人公である「ツァラトゥストラ」は、まったく別人です。

それではツァラトゥストラとは誰なのか？

『この人を見よ』の中に答えがありました。


（『バイロイトにおけるワーグナー』において）原文でワーグナーという言葉になっているところへは、遠慮なくわたしの名なりあるいは「ツァラトゥストラ」という名前を置いてさしつかえない。


つまり、「ニーチェ＝ツァラトゥストラ」と考えてオーケーということです。

ニーチェは、「ツァラトゥストラ」に自らの哲学を語らせたのです。

それが超人と永遠（永劫《えいごう》）回帰の思想です。

人類の再生について書かれた本が『ツァラトゥストラ』です。

超人って何？

ニーチェは『この人を見よ』の中で超人について語ります。

「超人」という言葉。これは、近代的人間、善人、キリスト者やその他のニヒリストと対立する、最高の出来のよさの典型をあらわす言葉である。

超人は健康で力づよい人間です。

ニーチェは神の権威、あるいは超越的な価値に従っている人間を軽蔑し、自らの高貴な感情と意志により行動する人間を「超人」と呼びました。

つまり、「神は死んだ」「普遍的真理などない」「概念の世界に根拠はない」というニヒリズムに一度落ち込んだ上で、従来の価値体系をひっくり返すような「権力への意志」を持つ人間を「超人」と規定したわけです。

「超人」という言葉は誤解されることが多い。

これを、社会的強者とか肉体的強者と捉えるのは間違いです。

超人は、聖者でも天才でも英雄でもありません。

あらゆる価値に頼らない者。
「悲劇的認識」を心の底から実感した者。
究極的なニヒリズムに耐える者。
自らの生存を実験とする者。
強さと健康を兼ね備える者。
強者の自覚を持つ者。
同情、ルサンチマン、復讐の精神から解放されている者。
自分の価値基準を作る者。
未来の人間。
人間を克服する者。

これが超人のイメージです。
こうした超人を生み出すことが人類にとって必要だとニーチェは説きました。
ただし、誰もが超人を目指す必要はありません。そんなことは凡人には不可能です。
永遠（永劫）回帰という過酷な試練が待ち受けているからです。

永遠（永劫）回帰ってどういうこと？

ニーチェはスイスのジルヴァプラーナ湖畔を散歩中に、「等しきものの永遠（永劫）回帰」の思想がひらめいたと言います。これは、世界には目的はなく、世界は何回も繰り返されるという世界観です。

永遠回帰はニーチェの哲学の中でもっとも重要とされています。

しかし、「世界は永遠に繰り返される。だから、何度繰り返されてもよいように、よく生きよ」などと人生訓的に受け取られたり、「歴史が繰り返されるというのは物理的に間違っている」などとケチをつけられたりする。

そういうレベルの話ではないということは、『ツァラトゥストラ』を読めばわかります。

『ツァラトゥストラ』は、キリスト教道徳および形而上学の世界との決別と、人類の再生の物語です。

世界は意味を持たず、ただあるがままに繰り返される。世界には目的も動機もない。

これは、世界の歴史には意味があるというキリスト教の世界観や進歩主義の否定です。

また、キリスト教的な直線的な時間概念の否定でもあります。

永遠回帰の中では、世界の外部に「神」を設定することはできなくなります。

そこではあらゆる価値の根拠が消え去る。

同情、ルサンチマン、復讐の精神といったキリスト教的価値からの解放が行われる。

「人類の罪」「原罪」という教義からも解放される。

永遠回帰は、ニヒリズムの極限形式です。

すべての価値に根拠を認めないのですから。

このニヒリズムの徹底が、逆に

「およそ到達しうる最高の肯定の形式」

に転化する。

世界は唯一の虚構である。それを知った上で、大地に忠実に生きる者を、ニーチェは超人と呼びました。世界そのものを矛盾を含めて全肯定する。

それは、なにもないところからの出発です。

超人はこうした世界の中で、ただ前に進んでいく。

超人は幼児のように汚れがない。

彼らの目的は人類に高貴な価値と健康をもたらすことです。

平等主義という病

ニーチェは人間が病に侵されていることを指摘しました。

それを克服するために、超人を創造するべきだと説いたのです。

ニーチェは『アンチクリスト』で、健康な社会はたがいに制約しあいながら3つの類型に分かれると言います。

①精選された者。
彼ら「最上層階級」は「高貴なる者」として「最少数者」の特権を持つ。そこには、幸福、美、善意を地上に実現することも属している。

②「権利の守護者」「秩序と安寧《あんねい》の擁護者」「高貴な戦士」「審判者」「法の保持者の最高形式としての王」。
彼らは①の者に対して、「執行者」「支配の事業のうちにあるすべての粗野なものを引き受ける者」「従者」「すぐれた弟子」という立場をとる。

③「凡庸《ぼんよう》な者」「大多数者」。

こうした身分階級の秩序は、「生自身の至高の法則を定式化したものにほかならない」のであり、「社会の維持のために、高級の、最高級の典型が可能となるため」に必要であると。

こうしたニーチェの考え方は批判を浴びることがあります。

「身分制度を認めるのか？」と。

そうやって怒るのは

近代の病である平等主義

に洗脳されているからです。

彼らは、近代イデオロギーの病理を解明したニーチェを、近代イデオロギーを使って批判しているのですね。

また、これをナチスの問題に結びつける人もいますが、それがデタラメであることは次章で説明します。

弱者とは誰か？

「ニーチェは弱者を批判した」とよく言われます。

それは典型的な誤読です。

問題は「弱者とは誰か？」です。

ニーチェが批判したのは、自由や権力を求め、闘い続けている現実世界の「弱者」ではありません。

それは、神の概念を転倒させることで圧倒的な権力を握った「本質的弱者」です。

本質的弱者は強者に対してルサンチマンを抱いている。

彼らは「ユダヤ的価値転換」「奴隷一揆」により価値基準を転倒し、負のエネルギーを集約することで強大な権力を手に入れました。

こうして作りあげられたのが、道徳的世界秩序です。

本質的な弱者＝キリスト教、およびそこから派生した近代理性・イデオロギーが強大な権力を持つようになってしまった。

ニーチェはそこを指摘したのです。

要するに、弱者のルサンチマンを利用することにより、権力を掌握し、圧倒的強者として振る舞っているキリスト教の問題点を取り上げたわけです。

ニーチェのいう「強者」とは、むしろ今の世の中では虐げられていて、「あいつは頭がおかしい」などと揶揄《やゆ》され、排除されてきた人を指します。

強者とは、精神的に気高い人間です。

強者は、あらゆる価値が虚妄であることを認める。

そして外部の価値に頼らずに、良心を持って自らをルールの主体と考える人間です。

現在の格差社会においては、奴隷がピラミッドの最上層に君臨している。

そして、強者が最下層に落としめられている。

これをなんとかしなければならない。

要するにニーチェは、

「正しい格差社会」

への道を説いたのです。

平凡な人間にも価値がある

ニーチェは『アンチクリスト』で言います。


権利は特権である。それぞれの人には、それぞれの特権がある。

平凡な人にも特権がある。そして、もっとも精神的な者たちは、そういった平凡な人が持っている特権を見くびることはない。

なぜなら、高い場所を目指す生き方というのは、上に行くにつれ冷気が増し、責任が重くなっていくからだ。

高い文化はピラミッドのようなもので、広い地盤の上にのみ築くことができるのである。

だから、大勢の平凡な人たちの存在が大切なのだ。


手工業、商業、農業、学問、芸術といった仕事の大部分は、ほどほどの能力とほどほどの欲望によって成り立っているとニーチェは言います。

人が、公共の利益のためにひとつの歯車として働くことは、ごく自然なことだ。

彼らを歯車として働かせているのは、社会ではなくて、単純に「自分にはなにかをする能力があると感じる幸福感」がそうさせているのだ。

凡庸な人間にとっては、凡庸であることがひとつの幸福であるのだと。


ニーチェは凡人の価値を認めていました。

凡人には凡人のよさがある。

上に立つ人間が、思いやりを持って凡人を大切に扱うのは、単なるマナーの問題ではなく、義務なのであると。

つまり、ニーチェの言う「身分階級の秩序」とは、人為的につくられた「差別の構造」などではありません。

ニーチェは言います。

これは、人間が意識的に作った制度ではない。

もし例外があるとしたら、それは人間が自然を歪めて作ったものである。

「階層の秩序」は、人間が生きていくうえで、一番上にくる法則であると。


ニーチェは健康な社会のモデルを描いたのです。

第5章

ニーチェは反ユダヤ主義？
――ナチズムとキリスト教

ニーチェはユダヤ人を差別した？

ニーチェにまつわるホラ話は山のようにありますが、中でも変なのが、ニーチェがユダヤ人を差別したという話です。

それで、国家（国民）社会主義ドイツ労働者党（ナチス）やアドルフ・ヒトラーがニーチェの思想を引き継いだと。

有名な作家でもそんなことを言う人がいます。

2つの可能性があります。

①ニーチェを読まずにそう言った。

②読んだけど、意図的にデマを流した。

①の人は今でもけっこういますけど、興味深いのは②の人です。

最初に言っておきますけど、

ニーチェは反・反ユダヤ主義者でした。

ニーチェの親友のパウル・レーはユダヤ人でしたし、ワーグナーと交際を打ち切ったのは、彼の国粋主義と反ユダヤ主義を嫌ってのことでした。

ニーチェにとっては、反ユダヤ主義もキリスト教と同様に、奴隷の道徳にすぎませんでした。

じゃあ、なんでこんな話がでてきたのか？

実は反ユダヤ主義の中心は、キリスト教だったのです。

ルターとヒトラー

反ユダヤ主義の発生源はキリスト教です。

要するに、反ユダヤ主義もまたニーチェの敵なのですね。

歴史を振り返ってみましょう。

かつて、カトリック教会はドイツ国内で贖宥状《しょくゆう》（免罪符）を売りまくっていました。教会にカネを払えば罪が軽減されるというわけです。

宗教改革を始めたマルティン・ルター

は、その不正を非難し、聖書に立ち戻るべきだと主張しました。これがプロテスタントの最初です。

ルターは聖書の翻訳をやった立派な人。

ここまでは、学校の教科書に出てくる話です。

でも、ルターは妄想狂で、悪魔を信じており、ユダヤ人の絶滅を唱えた人物でした。

そして、イスラム教徒、女性、農民を激しく憎みました。
ユダヤ人をキリスト教徒に改宗するのに失敗したルターは、論文「ユダヤ人と彼らの虚偽について」で、ユダヤ人に対する総攻撃を主張します。

ユダヤ人が通っているシナゴーグ（礼拝堂）や学校を完全に破壊しろ。
ユダヤ人の家を破壊し、バラックのようなところに集めて住まわせろ。
ユダヤ人から、すべての書物や律法書をとりあげろ。
ユダヤ教の祭司、ラビの活動を禁止しろ。
ユダヤ人に対し高利貸しの仕事を禁止し、彼らの財貨を奪い保管せよ。
若いユダヤ人男女には斧やつるはし、シャベル、押し車などを与え働かせよ。

ひどいことを言います。
どこかに似たような人がいましたよね。
そう、

ヒトラーです。

ナチスとカトリックの関係

それではもう一方のカトリックはどうだったのか？

やっぱり、反ユダヤ主義に加担しているんです。

1929年2月11日、ローマ教皇ピウス11世

とイタリア首相ムッソリーニ

の間でラテラノ条約が結ばれます。その結果誕生したのがバチカン市国です。

お互いの利害が一致したバチカンは、ムッソリーニのファシズムを全面支援したわけです。

ヒトラーは喜んで、ナチ党の機関紙に声明を出します。

「これは、教会がファシズムの政治機構を公認し、信任していることの証《あかし》である。ファシズム思想の世界がキリスト教と共通性を持っているということは疑いがない」と。

その後、カトリックはナチスに急接近します。

1933年3月23日には、ナチスの独裁を可能にした全権委任法の採決で、カトリック政党の中央党が賛成票を投じます。

次に、反ユダヤ主義者だったローマ教皇ピウス12世は、教皇庁のナンバー2である国務長官時代に、ヒトラー内閣副首相フランツ・フォン・パーペンと政教条約（1933年7月20日）を結びます。

これにより、バチカン市国は世界で最初にナチス政権を認めた国家となりました。

なお、

ヒトラーの誕生日には
ローマ教皇の名で毎年祝辞が送られていました。

この件に関してカトリックは1997年にユダヤ人に対して謝罪しています。

困った妹

それではなぜ、ニーチェとナチスが結びつけられたのか?

第1次世界大戦後、ドイツ革命により、ドイツ帝国は崩壊します。1919年にワイマール共和国が成立するものの、イギリスやフランスなど戦勝国への賠償《ばいしょう》がかさみ、国民の不満が高まります。

そこにアメリカ発の世界大恐慌が直撃し、失業者があふれるようになる。

こうした中、国民のルサンチマンを集約することにより、ナチスが登場します。

その頃にはニーチェは死んでいますが、妹のエリーザベト

が余計なことをします。ニーチェ資料館の運営を維持するために、ナチスに接近したのです。

これはナチスにとっても好都合でした。ニーチェの名前により、権威づけができるのですから。

エリーザベトの夫のベインハルト・フェルスターは、バリバリのルター主義者でした。

エリーザベトの評伝を書いたベン・マッキンタイアーは次のように述べます。

彼（フェルスター）はエリーザベトと同じくルター派の教えを熱心に守っていた。そしてマルティン・ルターが書いた次の言葉に、自分の一生の仕事を見出していた。「キリスト教徒よ、おぼえておくのだ。悪魔を除けば、本物のユダヤ人ほど残酷で悪辣で暴力的な敵はいないことを」

ニーチェは生前、この妹と仲たがいしています。その理由として「罰当たりな反ユダヤ主義のため」と書き残している。

妹がフェルスターと結婚したときは、ニーチェは激怒しました。

そして、妹への手紙の中で、反ユダヤ主義を徹底批判しています。

ニーチェが批判したのは、ユダヤ＝キリスト教的な発想です。

ユダヤ人ではありません。

ニーチェとナチズムを結びつけようとするのは、

よほどのすっとこどっこいです。

イエスを磔にしたのは誰？

じゃあ、なんでキリスト教はユダヤ人を迫害したのか？

それは、イエス

を磔《はりつけ》にした責任をユダヤ民族に負わせたからです。

ニーチェは『アンチクリスト』で言います。

> イエスの死は、弟子たちをあわてさせた。
> 弟子たちは、「あの死は自分たちの存在を否定することになるのではないか」と動揺した。そして、「イエスを殺してしまったのは誰か」、「イエスの本当の敵は誰だったのか」と考えはじめた。イエスの死が単なる偶然ということになればまずい。そこで彼らは、「世の中を支配しているユダヤ人の上流階級が、イエスを殺した敵である」と結論をだした。
> つまり、ユダヤ人の社会秩序を敵と考えたわけだ。

こうしてキリスト教会は、イエスの教えと正反対の「復讐」という感情によって動いていく。キリスト教徒によるユダヤ人の虐殺の歴史が始まるわけです。
この運動は、中世、近代へと受け継がれました。

カトリック教会は、第２バチカン公会議（１９６２～１９６５年）で、イエスを磔にしたことの責任をユダヤ民族に負わせたことについて謝罪します。

謝ったということは、
そういうことがあったということです。

ニーチェとナチスは水と油

ニーチェは専制を唱えている。

ニーチェは階層の秩序を唱えている。

ニーチェは強者の論理を唱えている。


そういってニーチェとナチスを結びつけようとする人たちがいます。

ところどころ都合がいい言葉を無理やりつなぎ合わせれば、それは可能です。

でも、そういう批判をしている人たちは、結局、妹のエリーザベトと同じ。

頭がこんがらがっている。

ニーチェをナチスと結びつけるのは、はっきり言って無理があります。


そもそも、ニーチェはドイツ民族の国粋主義を徹底的にバカにしています。

またアーリア人種の血統や「純粋な血」というナチス的な概念は、ニーチェにより完全に否定されている。

ニーチェは国家（国民）主義と社会主義を根底から否定しました。

両方ともキリスト教から派生したイデオロギーであるからです。

そんなニーチェの哲学が、国家（国民）社会主義政党のナチスと親和性を持つわけがないでしょうが。

別に、ニーチェがモラリストであると言いたいわけではないですよ。

事実として、

ニーチェの哲学とナチズムは水と油

ということです。

ニーチェは言います。

「反ユダヤ主義とは――『出来そこないの者ども』の別名」（『権力への意志』）

ニーチェは何から読めばいい？

『キリスト教は邪教です！』適菜収訳（講談社＋α新書）から読んでください。

これはニーチェの『アンチクリスト』をなるべくカンタンに読めるように訳したもので、ニーチェの教えが凝縮されています。

別に宣伝ではありません。

私の訳が嫌なら、『偶像の黄昏　反キリスト者』原佑《はらたすく》訳（ちくま学芸文庫）、『偶像の黄昏　アンチクリスト』西尾幹二訳（白水社）もありますので、そちらをどうぞ。

次に『偶像の黄昏』を読んでください。

ニーチェ自身も「わたし以前には、どんなに一切のものが逆立ちしていたか、そのことを手っとり早くつかみたい人は、この本からはじめられるがよい」（『この人を見よ』）と言っています。

そのあとは、『善悪の彼岸』『道徳の系譜』など、後期の作品を先に読んだほうがいいでしょう。

なぜかというと、ニーチェの哲学がほぼ完成しており、キリスト教批判、近代イデオロギー批判と、「権力への意志」「超人」「永遠（永劫）回帰」という考え方の関連性がはっきりと打ち出されているからです。

最初にその部分を理解しておかないと、いきなり物語形式の『ツァラトゥストラ』や時代批評の多い初期の作品を読むとつらいと思います。

その後は、『いたこニーチェ』（飛鳥新社）を読んでください。

ニーチェが高校時代の同級生・三木の身体を借りて現代日本に降臨するという小説です。

ニーチェの哲学が、笑いながら短時間で頭に入るという寸法となっております。

こちらは宣伝です。すいません。

いたこニーチェ　適菜 収

おわりに　楽しい世の中へ

銀座の鮨《すし》屋で働いている友人がいるのですが、彼は将来独立して自分の店を構えたいという。

それでは私がアイデアを出そうという話になり、「どういう鮨屋にしたいのか？」とたずねました。

すると彼はなんのてらいもなく「楽しい鮨屋」と答えたのです。

え——っ‼

「江戸前の技を極める」とか「地元（仙台）の魚を使いたい」とかそういう返答を予測していた私は大きなショックを受けました。

「お前、アホじゃないの？」と。

しかし、よくよく考えてみれば、「楽しい」というのは大事なことです。

ニーチェを読んでいて感じることは、

結局、ニーチェは

「楽しい世の中」にしたかったのではないか？

ということです。

今の世界は嫉妬や恨みの原理により成り立っている。
不健康な物語を信じ込まされていて、身動きのとれない状態になっている。

でも、もっと美しいものや力のあるものを肯定し、健康的にやりましょうという話です。
ニーチェが言ったことは、「目を覚まして物事を考えなさい」ということです。
そうすれば、今、価値があると思われているものは、たいていゴミであることがわかります。

本書が目を覚ますきっかけになれば、著者としてもうれしいです。

適菜 収

参考文献

『ニーチェ全集』（ちくま学芸文庫）
《悦ばしき知識―信太正三訳》
《善悪の彼岸 道徳の系譜―信太正三訳》
《偶像の黄昏 反キリスト者―原佑訳》
《権力への意志 上・下―原佑訳》
《生成の無垢 上・下―原佑・吉沢伝三郎訳》
『世界の大思想4』（河出書房新社）
《こうツァラツストラは語った―高橋健二・秋山英夫訳》
《この人を見よ―秋山英夫訳》
『キリスト教は邪教です！』 フリードリッヒ・ニーチェ 適菜収訳（講談社＋α新書）
『ユダヤ人とドイツ』 大澤武男（講談社現代新書）
『エリーザベト・ニーチェ』 ベン・マッキンタイアー（白水社）
『知の教科書 ニーチェ』 清水真木（講談社選書メチエ）

【プロフィール】

適菜 収（てきな・おさむ）

作家。哲学者。1975年、山梨県生まれ。
早稲田大学で西洋文学を学び、ニーチェを専攻。著書に、ニーチェの代表作『アンチクリスト』を現代語訳にした『キリスト教は邪教です!』（講談社+α新書）、『いたこニーチェ』（飛鳥新社）、『ゲーテに学ぶ賢者の知恵』（メトロポリタンプレス）などがある。

ASUKA SHINSHA

はじめてのニーチェ
1時間で読める超入門シリーズ

2010年6月8日　第1刷発行

著　者
適菜 収

発行者
土井尚道
発行所
株式会社　飛鳥新社
〒101-0051 東京都千代田区神田神保町 3-10
神田第3アメレックスビル
電話（営業）03-3263-7770（編集）03-3263-7773
http://www.asukashinsha.co.jp/

印刷・製本
株式会社 美松堂

編集　畑 北斗
本文DTP　地引結子

万一、落丁・乱丁の場合は、お取り替えいたします。
ISBN978-4-86410-020-5

ニーチェ年表

1844年　ライプツィヒ近郊にある小村レッケンに、牧師の長男として生まれる。
1849年　父親が死去。
1858年　名門プフォルタ学院に入学。
1864年　ボン大学に入学。古典文献学と神学を専攻する。
1865年　ライプツィヒ大学に転学。ショーペンハウエルの『意志と表象としての世界』に衝撃を受ける。
1869年　24歳の若さでスイス・バーゼル大学の員外教授に採用される。
1872年　処女作『悲劇の誕生』を出版。学会から酷評される。
1876年　評論集『反時代的考察』を刊行。
1878年　『人間的、あまりに人間的』を刊行。
1879年　バーゼル大学を辞職。
1881年　『曙光』を刊行。
1882年　『悦ばしき知識』を刊行。パウル・レーを通じてルー・ザロメと知り合い、求婚をするが拒絶される。ちなみに同時期、レーもザロメに求婚。見事にフラれている。
1885年　超人思想、永遠（永劫）回帰などニーチェ思想の根幹が展開される『ツァラトゥストラ』刊行。
1886年　『善悪の彼岸』、翌年に『道徳の系譜』を刊行。
1888年　『アンチクリスト』『この人を見よ』を刊行。
1889年　トリノ市街にて昏倒し、入院。
1900年　肺炎により死去。享年55歳。
1901年　『権力への意志』（遺稿）刊行。